AYRILIKLARDAN AŞKLARA

MERAL IŞIK

Sevgilerle

11.10.2016

İKİNCİ ADAM YAYINLARI

Yazar
Meral Işık

Çizimler
Orhan Cebrailoğlu

Tasarım
Oğuzhan Canmar

Yayın Yönetmeni
Oğuzhan Canmar

Baskı
İkinci Adam Matbaacılık
Moda Caddesi, Özgür İşhanı,
No: 46, Kat:4, D: 403
Kadıköy / İstanbul
Tel 0216 345 70 89

Nisan 2014

1. Baskı

ISBN 978-605-128-511-5

İKİNCİ ADAM YAYINLARI

Tel: 0216 345 95 66
Fax: 0216 345 95 74

www.ikinciadamyayinlari.com

Neslihan, seni çok seviyorum :)

Merve

AYRILIKLARDAN AŞKLARA

ÖNSÖZ

Kendine sürgün bir insanım ben, kendime biçtiğim son mesafeden bakarken gördüklerim ve göremediklerimdir yazdıklarım. İlk resmi belgem, ilk vesikam, ilk çıktımdır belki ve aynı anda sonumdur aslında.

Defalarca okudum bu yazıyı; her şekilde, her tonda, her ritimde. Hiçbiri bir diğerinin aynı olmadı. Yazarken senfoniler yankılanıyordu kulaklarımda, içlerinden biri hiç susmadı.

Şimdi ben, kendimi tüm zamanlarda olduğu gibi yeniden yaratıyorum. Şimdi ben kendimi duymak için anlatıyorum, kendimi anlarken susuyorum. Yazdıkça yüzleşiyorum, yazdıkça küçülüyorum ve düşeceğim ben de her ruh gibi elbet bir gün bir kalemin ucundan, bekliyorum…

Bana yıldızlar kadar uzak ve varlığı varlığıma dokunan her şeye ve herkese, tüm yalnız insanlara ve zihnimde naifçe dalgalanan “sevgili yalnızlığıma”

Öz varlığıma teşekkürlerimle...

Meral Işık

Bir başkası yok hiçbir zamanda ve hiçbir yerde,
Aradıkça kaybolduğum o hikâyelerde...
Derinlik var sadece,
Derinlik ve genişlik alabildiğine...

AYRILIKLARDAN AŞKLARA

Öyle ruhlar vardır ki
Nerde saklı olduğunu asla bilemezsin!
Öylece ortadadırlar ama fark edemezsin,
Ve tek bir noktadan cesaretle bir o kadar sonsuzdurlar,
Yanından bile geçemezsin...

Ruhlar vardır yapayalnız
Ruhlar vardır kıyamet
Ruhlar vardır mahkûm
Ve öyle ruhlar vardır ki aşka bulaşmış bir kere

Kendini bulmak gibidir aşklar
Bulaştığında terk edemediğin
Bulaşmak için ömürler biçtiğin...

İşte bu yüzden aşklara veda edemezsin
Her ayrılık yeni bir aşka doğru yol olur sana
Bambaşka bir selam gibi gelir artık insana "son veda"

O yüzden yok olan aşklar hep sonuna kadar haklıdır
Ve her yokluk "bir sonrakinin varlığına" tanık olacaktır

Sen bende benim olamadığım kadar özgürdün

Bense o denli sıkışmış aralarda, girmeye can attığım o daracık sokaklarında...

Anlatmıyorsun dedin beni üzen son suskunluğundan az evvel yine

Evet, anlatamıyorum...

Hoyrat sözlerden o kadar yoruldum ki

Özensiz gidişlerinden ve çaresiz dönüşlerden o kadar yıldım ki

Sen olsaydın sana ne anlatabilirdin, hep öyle merak ettim ki

Belki anlatabilirim sonrasını,öncesini,sonradan bir öncekini...

Eğer merak ediyorsan senden sonraki beni

Kâh buruk, kâh kırık ışıklar gibi

Dağılmış coğrafyalardan arda kalan sarp kayalar gibi diri

Gülmeyi, gülen gözleri, farkında kahkahaları severim
O yüzdendir sahte kahkahalara tahammül edemeyişim
Hiç kimseyi hiçbir şeyi hafife almadım ben,
Ondandır belki bir türlü hafifleyemeyişim

Toprağı, çıplak ayakları ve yağmuru severim;
Yağmurda ıslanan, denizleri seyretmeyi
Sarhoş kedileri ve şampanya rengi köpekleri,
Küçük kızın hayallerini...
Merakla takip ettiğim, en çok sevdiğim, yol olmuş el çizgilerini

Aniden bağıra bağıra söylerim şarkılarımı ve saatlerce dans edebilirim
Çünkü ben tek başıma dans ederken
Hep âşık olduğumu düşlerim...

Tadına vardıkça değeri artan ayrıntılar gibi
Ve ayrıntıya inerek yol almayı istemiştim ben
Her ayrıntının önünde diz çökmeyi
Okumadan sevmeyi, sevmeyi...

Peki, yol aldıkça üstüme çöken bu yol yorgunluğunu
Neden kaldıramıyorum ki şimdi!
Sokaklarda yazdığım yokluğunda,
Tüm asaletim ve ruhumla sofiyane,
Özene bezene doyurduğum Ruhumdu!
Neden kestin nefesimi?

Kimeydi, ne içindi duyduğun kuşku?
Neden kanattın yalanlarınla sakladığım zaaflarımı
Ne çok sevdim ben seni oysa
Kendim gibi...

Burada yaşıyordum, bu ruhta, dokunduğun bu bedende
Bu zekâyla, bu itinayla, bu kırılganlıkla!
Ne çok sevdim ben seni oysa...

Yapmak isteyip de yapamadıklarım
Sevmek isteyip de sevemediklerim var şimdi hayatımda
Bir de yapacaklarım var henüz bilmediğim

Öyle uçlarda yaşıyorum ki zaman zaman
Deli derler diye geçici korkularım var
Dünyaları istiyorum ya ben bir anda!
Ki hiçbiri dün'den kalmamış olmalı aslında
Belki tam da o anda bozunan
Ve hâliyle kararsız kalmış bir atomdan ilhamla
Kusuru kusursuzluğunda yatan bir dünya ancak yaratabildiğim
Suyun önünü kesmemek adına başlattığım kontrolsüzlüğümdü ilk deliliğim

Seni severken ben,
Uyuşmamak uğruna, direne direne
O dirençten kuvvetle bir o kadar güçlü bir yürekle
İşte o yürekten ilhamla bir o kadar aklımla seni severken ben
Soruyorum kendime başka bir paralelde
Akıl ilham alır mı?
Akla ziyan bir yürek, taş gibi yolda bırakılır mı?

Bir bakıma bakla sofa
Ve sofralardan odalarım vardı aslında
Kitaplardan aklımda kalan
Durup dururken içimden tekrarladığım bazı sözler vardı:
"Ölüm unutkanlığı" mesela

Sinanlara adanmış notaları usanmadan dinlerken
Kendimden geçtiğim besteler vardı
Keyiflendiğim anlar,
Bu arada okumamın bir asır sürebildiği kitaplar vardı.
Soluksuz seyrettiğim filmler
Ve gözümün önünden gitmeyen sahnelerim,
Gönlüm Sinemaları'nda rastladığım Keremler vardı

Öyle umutlarım var ki hayata dair
Belki bu yüzden bu kadar uzağım "stratejilerden"
Oyun satrancı andırsa da
Beni yiyeni asırlarca unutmayan bir fil değilim ben
Bazen özgür ve duruşuyla erkeksi bir vezir olmayı tercih edebilirim belki,
Biraz hırsı ve asabiyetine rağmen...

2013

Sen bazen bilmediğinden,
Genelde kendi cevaplarını duymak istediğinden
"Neden ben?" diye sorardın
İlk öyle kırıldı sebepsiz sevinçlerim
Tarif ararken bulduğum kırık cevaplarımdı ilk biriktirdiklerin
Ve böylece artık ben de senin sebeplerinden biriydim

Sen bazen düzensiz ama derin cümleler kuruyordun
Her yarım cümlenin altında kendine has bir düzenin vardı, bilmiyordun...
Çok babaydın belki, bazen çok hâkim, belki güvenilir bir liman
Ama çocuk
Büyümemek için durmaksızın yalanlar söyleyen
Çaresiz, korku dolu bir çocuk

Cümlelerinin arasına sıkışmış yalanlar öyle dibe
çekmişti ki seni

Belki sen bu yüzden saklı bir derindin

Kendinden saklanan bir çocuk gibiydin

Yalnız çocuklar gibiydin

Olduğun gibiydin…

Sana has sevişlerin ve görmek için bakan gözlerin,

Titrerken içimi delen kirpiklerinin arasından

Görüldüğümü hissettiren bakışların vardı...

Arayışların vardı

Ararken aydınlanan o canım yüzün...

Kokumdan bahsederdin zaman zaman

Ve senin olana adanmış bir hayatın vardı

Bana adanmışlıkla ilgisi olmadan

Senin olan şeylerin vardı, senin olmasını sevdiğin

Keşke beni bazı anlar da olsa, işte öyle sevebilseydin

Görmek istediğim bir sen,

Tanımayı ve bir şekilde ilacı olmayı arzuladığım bir ruhun

Ve hep tutmak istediğim bakımlı ellerin vardı.

Ruhum bir sahip arayacak kadar çaresiz

Kim bilir belki de başından beri kayıt dışıydı

"Anlatmıyorsun" dedin o gün dinlemeye hevesiendiğinde

Evet anlatamıyordum...

Çünkü sen o "yok vakitlerde" dahi

Kendine ihanet ediyordun...

Sana yaklaşabildiğim zamanlarda

Sen gerçek olamayacak kadar an be an güzelleşiyordun

Bense kendine eziyet edecek kadar güzele, özele hasret

Bir o kadar gözü kara

Bir o kadar küçük ama hevesliydim.

Sen bir kahramandın!
Ben küçük ama hevesli sevgili...
Ne çok sevdim ben seni
Sana dair hep iyi şeyler hissettim ben
Hep güzel, hep umut yüklü

Uçuşan yelkenimden bihaber
Yüklüce bir gemi zannederken kendimi
Bir şeylerin hep eksik olacağını bilsem de
Bu eksikliği kaldıramayacağımı bilsem de
Beynim uyuşsa da zaman zaman
Sana dair hep iyi şeyler hissettim ben daima
Hep güzel, hep umut yüklü

Hani kara deliklerden bahsederdik bazen,
Sen bana "kara deliğim" derdin
Bense pek anlatmazdım, anlatamazdım veya
Benim kapkara deliklerim vardı oysa

Taşarken bedenimden
Sızarken kara deliklerimden
Ve yutarken kendini yeniden!
Anlarken yaşlandığım,
Zihnimde çöreklenmiş hikâyelerim vardı

"İşte öyle anlarda" içime çökerken sen her defasında
Büyük bir gücün küçük ama kararlı,
Belki beceriksiz ama hevesli bir parçası olmak
Nasıl da yetiyordu bana
Selden sudan kıyametlere,
Olmadık rüzgârlara kapılıp gitmem için.

Yola koyulmuşken tam da
Durup dururken tutmak isteyip de tutamamak o eli
Nasıl da kırdı hevesimi

Nasıl da hayretle duruyorum bak hâlâ
Tüm izleri zihnimde; dünden dünden ve dalga dalga
Şimdi bir varmış bin yokmuş, ne fayda?
    Aslında ani duruşlarım yoktur benim
    Gel gör ki dönüşlerim ani olabiliyor ara sıra

Keşke anlatmaya devam edebilsem, keşke
Ama insan durunca bir kere, duruşu da değişiyor hâliyle

Demiştin ya "Sen yalnız kalamazsın!" diye
İnan bana sonunda kavuşmayı bekledikçe
Yapayalnız kalıyordum her gidişinde...
Üstüne saldığım kokumu unuturken bende
Ben bir adım daha uzak ve yalnız kalıyordum her seferinde
Asla terk edemeden seni ve dönemeden kendime
Ben bir adım daha uzak ve yalnız kalıyordum her nefesimde

Ne çok sevdim ben seni oysa...
Burada yaşıyordum; bu ruhla, dokunduğun bu bedende, bu zekâyla, bu itinayla, bu kırılganlıkla!

Kurulu bir saat gibi uyandım bu sabah
Suya tuttum tüm darbelerimi acımı alsın diye
Parmaklıklara tutunmuş bir kız çocuğu gibi
Seyrettim aynalardan hayallerimi
Adını özellikle pembe koymadım
Ben başka renkler uzak olsun istemedim ki

Nereye koşuyorum savrulamayan saçlarımla?
"Bari sonuna" telaşıyla yetişmeye çalıştığım yer neresi?
Çözülürken bir bir çocukluğumun düğümleri
Parmak bastım tüm anılarıma
Unutmamak için masumiyeti

Ne kadar masumdum bilmiyorum ama şimdi
Yüzyıllarca süren yalnızlıklar gibi
Hep aynı yerden, ezbere adresler gibi sanki
Defalarca adresten silinmiş hissediyorum kendimi
Sorduğunda o adresi bir kere bile ben
"Sen sildin" diyebildim mi?
Ben kendimden başka kimseyi suçlayabilir miydim ki?

Cesaretle sevdiğim ve cesaretlendirdiğim

Belki de gurur dilenen sefil gözlerindi

Okudum niyetini ve anladım

Ağzından çıkan her söz; kim bilir belki de soyut bir bilgenindi

Ve kayıp gecelerde bile sevebilmek için seni

Önce cesaret gerekliydi

Tekrar ortaya çıkabilmek içinse her silikte

Kabul etmek olan biteni ve biraz da baştan almak gerekirdi

Kavuştukça özleyebilseydik keşke

Bunlar benim gözü kara özlemlerimdi

Belki de kızım diye titreyen babalar gibi
Suya doymaz topraklar gibi sevmeliydik birbirimizi
sevemedik ki
Bazen de sadece varlığıyla mutlu bir çocuk gibi
Adı sanı belirsiz şeyler gibi, olduğu gibi...

Burnumda tüten dut bahçelerim
Tüterken üzerime kırmızısı bulaşan o arka bahçelerim
Zihnimde eskittiğim o solgun ve çocuk bahçelerim gibi...

Ben hâlâ burada yaşıyorum,
Bu ruhla,
Dokunduğun bu bedende,
Bu zekâyla,
Bu itinayla,
Bu bağımlılıkla, bu kırılganlıkla…

Bozuk bir saat gibi uyandım sabaha
Oysa gönlüm şarkı söyleyerek dalmıştı mışıl uykularına...
Tercih edilmemişim,
Onca zamanları sanki ben hasta etmişim, istenmemişim gibi
Ya da doğuştan hasta zamanları iyileştirememişim,
Cezası tartışılan bir suçluyum sanki

Eseri ardından gelen yazarlar gibi ölememişim
Yetmezmiş gibi bu dünyaya yeniden gelmişim
Mırıldandığım eski bir şarkının bestecisi şimdi hangi mezarda,
Üstüne düşünmemişim
Uzak durulası bir insanım sanki
Ve bir o kadar özensizim
Oysa ben o dipsiz kuyunun karanlığına açmıştım gözlerimi
Anlamak için derinini, attığım taşın sesi kayıplarda şimdi

Ben hayatlar yolculayan ölü bir yazar olmak istemiyorum
Zihnimin sürekliliğini yollarda bıraktım,
Seninle geçmişten, gelecekten bahsetmek istemiyorum
Seni zihnimin kalabalığından uzak tutmak,
Seni canlandırmayı sana bırakmak istiyorum
Sana bir şey katmadan yakın durmak varken
Açtığın yollara ardından dokunmak istemiyorum

En zarif hâlinle yolunda yürürken sen,
Ben yalnızca seni seyretmek istiyorum...
Tahmin etmeden izlemeyi
İçimde yarattığın o sarsıntıda salınmayı,
Bozunmayı, bozulmalarımı görmek istiyorum
Ben, hayatın üstünde bir macera aramıyorum

Gözlerim kalbimden sonra hayat bulmuş madem
Görebilmek için kendimi sende,
          bana gelişini görmeyi beklemiyorum
Varlığına şahit olmanın keyfini sürerken ben,
Gelişinle gidişin arasında bir fark görmüyorum

Oysa ben o dipsiz kuyunun karanlığına açmıştım gözlerimi
Anlamak için derinini,
Attığım taşın sesi kayıplarda şimdi

Acelem yok;
Zaman tutmuyorum,
Zamana tutunmuyorum
Ve zamanı suçlamıyorum.

Sadece bir süreliğine sendeyim sevgili
Çok değil, anlayana kadar kendimi
Bırakamıyorum…

İlla cennetlere hasret mi olmalıyım ben?
Özgürce bırakırken ülkemi geride
Özgürlüğü seçerek yola çıkmamış mıydım ben?

Bu geçmek bilmeyen ağır sürgün gecelerini mi tercih etmiştim?
Bu anlaşılamıyorum kaygısının çaresizliğini ne zaman yük etmiştim?
Ya içimdeki cennetin sıyrılamadığı o şeytani meylinden
Bir gün vazgeçebilecek miyim?

Asırlardır seçmeye ve seçilmeye esirim ben
Belki bu yüzden silindi gitti tüm özgürlükler ezberimden
Belki de bu yüzden binlerce kez sürülmüş hissediyorum kendimi ülkemden
Seçtiklerimden ziyade biraz da seçilmişliğimden

Öte yandan gece, güne bu denli rahat dönebiliyorken
Ben üzerine doğacak tek bir ülke bile bulamıyorken
Karanlıklara tutunup kalmışsam
Uyurken bile kapanmıyorsa gözlerim
Bilirim ki ayyuktadır içimdeki aydınlığı yaratma hevesi
Ve kapkaranlıksa etrafta düşünceler,
İnadına karartıyorsa dünden bağnaz kalmış geceyi
Ayyuktadır karanlığın aydınlığa hasreti

Biraz da bundan mıdır gecenin yıldızlı hâlleri ve arzuhâli?
Belki biraz da böyle anlamalı insan düşününce
İçinde uzanan diktatörleri, yalancıları, dilencileri
Tüm sefil ve sahte bildiklerini
Belki en çok da şeytanın hasretidir aslında
Cehennemlerden doğmuş o boyun eğmez cennet hayali...

Ne çok belirsizlik var, ne kadar çok "belki"
Bildiğini zannettiğin her şey gibi
Anılar da kendini bilmeli biraz
Ve delirtmeden insanı,
vaktinde silinip gitmeli

Tarifsizsin sen, bu yüzden hep belirsiz kalacak bir yanın

Çünkü sen başka hikayelerin belirmekte olan kahramanısın

Ya bir hayalisindir sokakta yürürken göz göze geldiğin herhangi birinin

Ya da elden ayaktan düşmüş bir ihtiyarın en basit özlemidir

Sahiplendiğin o bahar kokulu gençliğin

Ya öfkendir besleyen yalnızlığını

Ki bilmekten gelir öfke,bilmekten müzmin ve ezeli yalnızlığını

Ya da uzanan cafcaflı yarınlara bir atıftır

Canını cayır cayır yakan bir şifrenin tüm hayatları kurtaracağına inandığın Parola'sı!

Hani dokunmadan duramaz insan, hani olmadı ellerini kavuşturur ya düşünürken

İşte bazen de yaklaşamazsın,

Asla dokunamazsın hayata yine aynı mecburiyetten

Ve bazen bir sevgili ancak böyle görebilir,

hatırlayabilirse eğer o inadına yangın hâllerini

Ve belki bir gün böylece anlayabilir bir sevgili,

Su gibi içtiği o uzak yeminleri

Boz tüm yeminlerini ve bırak!

Bırak,

Ki bırakırken tutunan ellerini görebil

Bırak,

Ki bırakırken uzak kokan ezeli aşkları görebil

Bırak,

Ki bırakırken henüz bırakamadıklarını görebil.

Bilinmez babalardan olma,bilinen analardan doğma hayatlar

Konuşurken denli densiz, gıyabında

Dinle ki duyabil;

Farklı değil senin hayatın

Ne bir hırsızınkinden, ne bir fahişeninkinden

Ne de bir efendinin görkemli dünya evindekinden…

Ayırmadan dinle hayatı,

Dinle ki seni tutan hayatları duyabil...

Ne aradığını bilmeksizin yaşanan güdüsel ilişkiler vardır hani

En büyük acı bitenin ardından

Neden bu denli acıdığımıza ayarken çektiğimiz acıdır belki

Sözlerle acıtanlar

Gözlerle acıyanlar

Acıdan kaçarken nasırlaşan ruhlara inat

Acılardan haz alan hasta ruhlar

Muhatapsız sorguların başladığı noktadaysan nihayet,

Ne kadar atlatırsan kendini

O kadar yavan

Ve bir öncekinden daha sıradan olmaya mecburdur bir sonraki

Anlamaya çalışırken kendimi

Bir türlü alışamadığım, o hep bana yabancı ruhum!

Cevabını sora sora bulacak o hınzır ve sevecen ruhum

"Kimsin sen?" diye diye sorduğum...

Elbette sıra acıtan ayrılıklarla başlayan yeni aşklara
gelecek

Elbette ruhum bir ülkeden diğerine kendini sürgün
edecek

Hep bir öncekinden sana kalan aşkla

Ve sende meknuz o aşkla, kendine aşkla en başta

Her geçen gün biraz daha deli ve çılgınlar gibi!

Yok zamanlarda çığlık çığlığa dualarla çağrılan

O isimsiz kahramanlar gibi

Ne de olsa bir hayat olduğu gibi

Her daim AŞK ile geçmeli.

Deli !
Kendini koruma ihtiyacından yoksun bir deli,
En deli hâliyle ama her zamanki deliliğiyle kapımdan içeri girse
Öyle naif girse içime, içimde kendini görebilse...

Anlatabilse tek tek
O hâlde dinlesem ilk cümlelerini
Ani ve derinden
Ve öyle inançlı olsa,
Bazı anları sorgusuz kabul edebilecek kadar inançlı ama
Ama inanabilse keşke...

"Bak işte bu böyle" tadında rotaları
"Demek öyleymiş" kıvamında hayretleri olsa
Sonsuza açılan fal taşı gözler gibi mesela
Korkunca kendiliğinden kapanan,
Kapandığında çizgi çizgi olan
Ama hep var olabilen, görmekten görülesi gözleri olsa

Çekmeceleri karıştıran bir çocuk arsızlığında bulmaya aç
O kadar hevesli
Ve ne aradığından o denli habersiz olsa

Aşk besteleri gibi...
Ama öyle hevesli...
Tıpkı benim gibi...

Bugün, tam da bilinmez bir yolculuğa heveslenmişken
Sessiz vedalardan yola çıkmış bir beste dinledim
Önce nereye gider bilemedim,
Sonra aniden;
Sen okuyorsun diye Siddharta' yı
"Bu da var!" diyebilmek için Demian'ı
Ve sana daha yakın olabilmek için Gertrud'u aldım...
Tüm heveslerim benden önde benden öte artık
Her birini tek tek yüreğine taşıdım

Bugün, avazından sessiz ve kimsesiz bir beste dinledim
Artık duyduğum her sözcüğe daha bir duyarlıyım
Gözüm duvarların boyunu ölçerken
Sığamayacağım pencereler hayalleniyor içimde
Yaşamım bir tarih tadında değişirken
Gözlerinin önünde yoktan çiçekler açan bir dev var yüreğimde...

Cevabını bulmuş tüm sorular gibi
Önüne geçemediğim o tamam olma hâlimle ben
Öyle hayranım ki kendime…

Sen geçen her dakika daha bir başka canlanırken
gözlerimin önünde

Ben gelincik tarlaları gibi kızarıyorum kilometrelerce...

Bakma karanfilleri anımsattığıma,

Yağmur sonrası kestane kokan saçlarıma

ben bile inanamıyorum bazen

Her sesleniş inde yeniden irkiliyorum

Sanki içimde onlarca kişilik bir hayat sürüyorum

Tüm o hayatlara tek tek seni yeniden hatırlatıyorum

Sonra her sinsi inançsızlığın ertesinde olduğu gibi

Sinsi bir korku sarıyor içimi

Aklımda yer etmiş kurban teorileri

Ve affedilmeyen aşk hikâyeleri

Nihayetinde göğsüme inen o derin hüzünler gibi

Sinsi bir korku sarıyor içimi

Korkuyorum…
Göremezsem yanağından sızan yağmuru,
Kaybolur masumiyetim
Bilemezsem eğer hangi yolculuğundasın
Toz olur uçar tüm bildiklerim
Akıp gidersen çayımın son demi gibi
Nasıl affedebilirim ki seni!

Zor değil imkânsız hayatlar gibi
Ararken yolumu köstebekler gibi
Kıvrıla kıvrıla son bulurum
İnanamazsın, yok olurum

Gidersen eğer uçup giden filmler gibi
Nasıl görsün ki gözüm bir daha baharda filizleri
Topladığım yıldızlardan süzerken sen içtiğimi,
Yokluğun olsa olsa kör eden bir ışık seli,
Görebilir miyim ki?
Başucunda unuttuğun çürüyen yeşil elma dilimleri gibi
Yok olurum,
Bu sefer kaybolurum...

Tuzdan mı yoksa susuzluktan mı?

Neden susadığımı bilmeden

Kadehlerde soğutuyorum ya şimdi ben seni;

Kavrulup acıyan içime

Berduş teknelere dalga dalga sokulan bir sevgili gibi soktum seni...

Ben her akşam kızıl batan güneşin şahitliğinde sana koşuyorum

Gidersen eğer

Bu kez batan kızıl ben olurum

Affedilmeyen suçlar gibi hapsolurum

Sel bassam yarama, suç olurum

Son desem, sen olurum

Silsem beni defterden, olsam olsam sensizlik olurum

Gidersen eğer;

Koca koca evlerin insansızlığında

Ayaklanmış ruhlarla, olmakla olmamak arasında

Köhnemiş şehir duvarları arasında ve kuramsızlığın dehşet ayazında

Sensiz, öylece donakalırım.

Anlatamam süregelen arsız gecelere soyluluğu

Kimliksizlik ve kimsesizlik kuşatır yolumu

Ölü kalabalıklarda yapayalnız kalırım

Sensizliğin acısında öylece kalakalırım

Seyrederken geceleri çarşaf çarşaf serilişini
Yumak yumak sarıyorum her gece kulaklarımdaki sesini
Sen ses verdikçe sesim olan, sesinin geldiği yönümsün
İstesen de yalan olamazsın,kitaplarda okuduğum "ölümsüzlüğüm" sün

Gidersen...
Sessizleşirim, belki bir daha duyamazsın sesimi
Ama bilirim dönersin, görmezden gelemezsin
    Ne sardunya çiçeklerini
    Ne de Boğaz'ın bize yangın o hâllerini
Vicdanımın öyle bir yerine koymuşum ki seni
Bin kere gitsen bile arar, bulurum seni

Sen bensin sevgilim

Biz Boğaz'ın akan sularında belki uçan kuşlarız

Bilemedin o kuşun asla yalnız bırakmayan yan bakışında saklıyız...

Rüzgârların gözüne gözüne, gözler önüne savurduğu tozanlarız

Sığ kalmış suları ayıran çizgilerin çok ötesinde

Genellikle de derinlerde yaşarız...

Gözden kaybolup giden o kıyılarda

Kıyılardan yol almış kayıklarda,

Bazen kürek bazen azık

Bazense ağdaki balığın pullarından tanıdık çırpınışlarımız...

Sen benim her bakışımda,

Her dokunuşumda

Sesimde ve sessizliğimdesin...

Çünkü sevgilim Sen, Ben'sin;

Ne olduğuma ve ne olacağıma karar vereceksin...

Ne de olsa tümden birer alıntı hayatlarımız,

Tüm'den gelen, hücre hücre genişleyen ve keskin bir zekâyla bezenen

Eksilmesi imkânsız bir oyun bu, vedalara yer vermeyen

Defalarca alevlenen yüreğimin ucuyla
Yaka yaka yazıyorum ben bu hikâyeyi...
Her sözcük gibi alıntı
Her yalan gibi sığıntı
Ve olup biten her şey gibi hayal,
Çoğunlukla boşluk olsa da aslında

Asırların tozu var satır aralarında
Sinmemiş, sinememiş, apaçık!
Ve suyu görünce çimlenen bir tohumun şuuruyla
Şuursuzca yayılıveriyor bedene her okunduğunda

Anlıyor insan,
Hepimiz vaktiyle okunmuş hikâyelerdik aslında...
Ben de bir zamanlar
"Senin küçük bir öykün"düm mesela
"Sen nasıl istersen..." diye yol vermiştim sana, hatırla sevgilim!
Ben biraz da sen istediğin için böyleyim

Aşk belki de gerçek bir yok oluş hikâyesi
Peki, bir insan neden böylesine yok olmak ister ki?

Sen,

Her şeyi mümkün kılan

Her defasında beni iyileşmeye mecbur kılan kalp ağrım

Sen,

Tülbent uykularımda gördüğüm kitaplar dolusu rüyalarım

Bir kahraman bile hayal edemiyorum artık

Duvara yaslanmadan ağlayamıyorum

Ne istiyorum? Bilmiyorum…

Oysa bir an için de olsa ne istediğini bilen

Olmadığında dudağını büken "bir çocuk" özlediğim

Özlemlerime özlemlerini örtebildiğim

Bir yanım o ayak direten, masum isyanlara hasret

Ve ben bu yüzden seni mi yoksa isyanını mı sevmeliyim?

Bilmiyorum...

Bazen hatırlamıyorum
Bazen anımsıyorum
"İçimde devinen tatlı bir meltem" diyorum
Tarifsiz, süreksiz ve kesik kesik
Boynum hafifçe yana doğru kırılıyor
Tatlı bir bırakış geliyor içimden;
        Emirsiz, kendiliğinden ve kararlı
Ölüm gibi.
Çok ölmüş gibiyim ve hiç ölmemiş gibi.

Bu yüzden belki bendeki sinmişliğin
Ve biraz da sindirilmişliğindendir senin gerçekliğin
İşte ben biraz sen istediğin için
Biraz da sindirilmişliğimden böyleyim
Dedim ya, çok ölmüş gibiyim ve hiç ölmemiş gibi.

Hani

Döner durursun kendi etrafında, başın yukarıda, olduğun yerde

Ve dünya sanırsın ya dönüp duranı

O adı konmuş çizgide...

Hani

Bir gün yığılıverince bir anda olduğun yere

Beklenmedik bir şekilde, en düzensiz ve kendinden artık hâlinle

Anlarsın, hastasındır artık

Kâh heybetinden devrilmiş krallıklar gibi...

Kâh öfkeyle karalanmış, eskimiş, eskitilmiş sayfalar gibi...

Hani

Bir şeyler olur...

Bir an olup uçuveren, o açıklanamayan şeylerden

Nakş-ı ber ab diye de tarif edilebilir belki de

Aslında asla tarif edilemeyen

Ensende titremeye bile korkan bir ses

Varlığı şüphe götürmeyen ve o denli çekingen

Sessiz çığlıklar gibi imkânsız

Yaşanmış ama kabuk bağlamamış,

Henüz sıyrılamamış senden...

O unutulmaz anlar gibi hani, unutulamaz gerçekliğinden

İstesen de uzaklaşamadığın, yeterince yaklaşamadığın
O sır dolu insanlar geçip gitmektedir artık
Dökerek sırlarını geçip gitmektedirler,
Bir tenden, bir benden
Bir de dökülen sırlardan arda kalmış öykülerden

Nasıl başladığını anlamaya çalışırken geçen bir ömür gibi değerli
Nasıl biteceğini asla kestiremediğin hikâyeler gibi özgür

Hani
Nasıl iyileştiğini anlatamaz ya insan,
İşte bizim de anlatamayacağımız şeyler var aramızda

Oysa ben
Bir ömrü erteleyebilirdim
Vakit yorulmak için erken olsa da
    Öylece durabilirdim
Canım yandıkça canlar yakabilir,
Eksilmekten bu kadar korkmayabilirdim

Nasıl da acıtarak eksilebilirdim hem de nasıl!
Öte yandan hiçbir şeyin farkında olmayabilirdim...
Derli toplu odalar gibi disiplinli
Ve satılmış ruhlar gibi sıradan
Ne bileyim! Soldan üçüncü mesela
Olabilirdim...

Gel gör ki yaşanması gereken hayatlar gibi
Aklında tutmaya çalıştığın yeni bir sözcük gibi
Duvara çivilenen takvimlerdeki günler gibi
Ne sen geç olabilirsin
Ne de ben zamansız

Hayalperest değilim ben, gerçekçi de olamam
"Öl" desem kendime "Emretsem!"
İstesem de yarın ölemem
Bu yüzden sevgilim,
Sen yine de sağ baştan saymadan sev beni

Sen…

Yalnızlığımı delip içime sızan,

Kurşundan önce kalbime varıp da

Suyun başında soluklanırken gözlerimi dolduran

Ve istemesem de içimde sürüp gidecek bir yaşamsın

Can suyumdan yollar açtım sana,

İstesen de duramazsın

Ben seni görebildiğim her yerden, omuz silkme şımarıklığında takip ederken

Sen bende tüm gereksinmeler gibi hep haklı çıkacaksın

Senden sonra suçluluk da duymayacağım bir daha asla

Çoktan çıkarcılara bıraktığım o duygudan öyle uzağım ki sonunda

Ben sadece seni sevmek zorundayım

Ve bildiğim tek zorunluluk bu

Ve biz;

Nerede kalmıştık demeden,

Su gibi hayat gibi hep bir başkaya dönüşen

Dönüştükçe hayat bulan iki aklı evveliz

Kum gibiyiz, cam gibiyiz

Ve tuzla buz ol'maktır ihtimalimiz

Neden estiği bilinmeksizin, aniden

Kimyamı altüst eden bir fırtına savrulur gözlerinden

Sesinde evvelce basılmamış notaları kalbimle tek tek hatırlarken

Yasak ve günahtır ruhun çoğu zaman

Yaşanmışlığından değil, ertelenmişliğinden...

Ben nasıl içimdeki isyanımdan tanıdıysam seni

Biliyorum ki bundan böyle isyansız da olmaz

Dağıt dünü günü ne kaldıysa sevdiğim, korkma!

Senin isyanların beni yormaz

Öyle bir uyanış ki bu bendeki
Dev heykeller yapmak gibi
Can veren, büyüyen bir beyaz ışık tadında
Âşıkların toy seslenişlerinde
Ya da aşk bestelerindeki gelgitlerde gizli hani
"İşte böyle bir uyanış" bu bendeki

Bir kitap gibi adım adım, ince ince kokluyorum seni
Bir an'ımı bile olduğu gibi anlatabilirsem sana
Nasıl hissedeceğimi görebilmek için satır satır yazıyorum seni
Bir de yazarken yaşıyorum ya seni
Binlerce yaşam diriliyor içimde,
Şimdi binlerce kez doğurmuş bir anayım sanki

Öyle bilinmez bir şekilde seviyorum ki seni
Ant olsun bir kez bile tutunmayacağım sana;
Bir temasta küsen narin manolya çiçeğini sevdiğim gibi
Ve o kırılganlıkta tutsak kalmış âşıklar gibi sevmek
istiyorum seni!
Seni coşturken küstüren notalara
Hesap soruşlarına, dengesiz duruşlarına
Deli isyanlarında kavuştuğun sana,
Seni bırakabilmeliyim her defasında
Ama olduğun gibi sana...

Eh bir de böyle sevmek gerekiyor seni
"Bir de böyle yaşa"diyor kulağıma uzaklardan bir sevgili

Diyor ki yok ol
Diyor ki hiç ol
Böyle uzaklaş, böyle git kendinden
Göstere göstere kaybol...

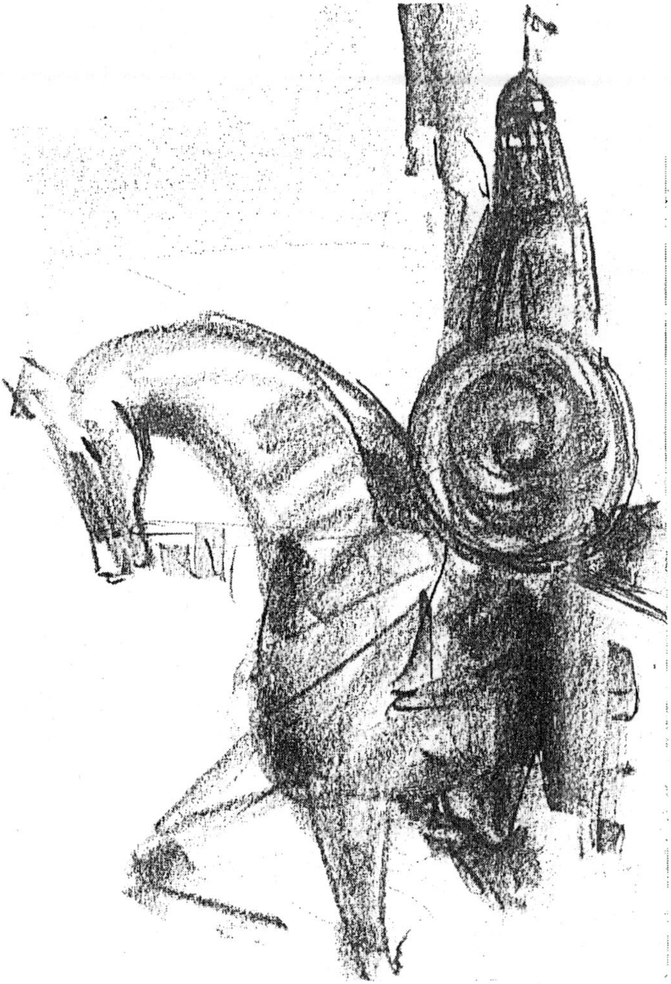

Bu;

Aklına gelip giden hecelerin ahenginde saklı
Ve uzun zamandır hatırlamaya çalıştığın bir isim gibi...
Arada oynaşıp o köşede bıraktığın
Bir türlü hatıra gelmeyen, hatırası hep ertelenen
Zaman geçtikçe de hayra yorulmayan
Kafa karıştıran, ruhu yoran oynak isimler gibi
Hep bir yerlerde saklı bir histi bu bendeki...

Bir o kadar açık
Öylesine keskin
Bir o kadar esaslı
Bir o kadar esrarlı
Bir o kadar tek başına

Hep bir yerlerde saklı bir histi bu bendeki
Çok mu eskilerden? Nereden?
Bir o kadar düş
Bir o kadar ben
Bir o kadar sezgisel...

HAZIRLANDIM!

Uzun zamandır karşılaşmadığın, hatırlayamadığın
şeylerden olmak için

SOYUNDUM!

Unutulmak değil, hep yeniden gönlüne, hatırına
düşüvermekti amacım

DÖNDÜM!

Her güzel şeyin nedeni gibi
Kötülükten doğan iyilikler gibi
Denize karşı dalgaları dinleyen evler gibi
Olmakta olan hayatlar gibi…

Döndüm, dinledim
Döndüm, sarıldım
Döndüm, ağladım

HATIRLIYORUM!

Hep yeniden dönmekti amacım…

2013

Az biraz yorgun

Az biraz da hoyratlaşan adımlarımla geçip giderken rastladım sana...

Kokundan adını hatırladım,

Dokununca anladım...

"Memleket !" gibi bir histi bu bendeki!

Dayanamadım, bir daha kokladım...

İnsanın büyüdüğü evleri bulması gibi

Memleketine kavuşması gibi

Yoldan dönmesi gibi

Güzel yorgunluklar gibi

Yeniden yola çıkmak gibisin sen

Elbette giderken değil

Dönerken başlayacak türden bir yolculuksun sen

Hak etmek ne kadar anlamsızsa

Ya da yaşamı kazandığını zannetmek

Senden uzak durmaya çalışmam da bir o kadar anlamsız

Bu aniden kulağıma çalınan bir ezgi sanki

Belki dünden, kim bilir?

Belki de çok eskilerden

Şimdi şimdi anlıyorum...
İnsanın teni nasıl bahar bahar ürperirmiş,
Tarihler boyu aranan o cennetler neresiymiş
İlham ne demekmiş
Sevmeye doyamamak ve severken öldürmek
Hiç korkmadan meydan okuyabilmek dünyaya
Ve tek bir telini kaybetmekten korkmak ölesiye
En sonunda "işte buymuş !" demek

Şimdi şimdi anlıyorum...
Adı çok önceden konmuş ama hiç yazılmamış bir kitabı okumaya çalışırken hayalinde,
Gördüklerine inanamamak ne demekmiş
Yanıp tutuşmak tam anlamıyla nasıl bir şeymiş
Çocukken anlaşılmayı beklemek nasıl bir hasretse
Seni anlamaya çalışmak tüm kalbimle,
Meğer en büyük özlemimmiş...

Belki az belki çok hepsi hepsi bu kadarım
Gerçek de bu kadar işte ve ben bir o kadar sınırsızım
Sen yaşamın tam ortasında alınası bir ders
Ben kendime ve sana sonsuz izin vermenin hazzındayım...
Senden öncesini hatırlayamazken ben
Sensizliğe isim koyar mıyım?

Nasıl seviyorum seni bir bilsen...

Tüm canlılığınla ararken o canım gözlerin korkusundan ölüleri

Ölümler nasıl yaşlanıyor yüreğimde bir bilsen

Şahit olsan aşkıma ve sıyrılıversen senden

Olduğu gibi olmakta olan seni bir de benden görebilsen...

Her şeyi görebilsen, her şeyi!

Beni, seni, onu, onları, her şeyi!

Ama göreceksin sevgilim, sen de göreceksin...

Uyanıyorken göreceksin en inanılmaz rüyalarını

Ve uyanır uyanmaz yüreğindeki kasırgalar anlatacak sana tek tek acılarını

Küçücük bir çocukken attığın çığlıklar yakacak ellerini

Ve bil ki o eller kuracak senin eşsiz saraylarını,

Ellerin dile gelecek sevgilim ellerin!

Sen yazarken yaşayacaksın kendi masalını

Göreceksin sevgilim,

Evler yanacak, çocuk korkularında saklı sokaklar boşalacak,

Yarattığın onca misal senin masalın olacak!

Yanıp kavrulurken anlayacaksın aydınlığı, yüreğimi ıstan sıcağını

Yüreğin birken önce iki olacak,

Ve bir ateş topu olup, zikrinde kendini bulacak...

Ben her gece bir yıldız seçiyorum, seni kabulüme
şahit diye...

Sen de olduğum gibi sev beni ve bir dilek tut her
kabulünde

Terk et korku salan yalanlarını

Karanlık sanma o naif ruhundaki dipsiz uçurumları

Nasıl anlatabilirim ki uçmadan sevgilim!

Uçurumların aslında nerede bitip nerede başladığını

Seninle her yolculuğum bir ilhamken bana

Ben nasıl bilmem ki hep bir ertesindeki kurtuluşları...

Hani dalarsın ya bazen sen, uçsuzdur mayhoş
tadında bakışların

İşte o bakışındır aşkım, titrek ellerindeki o tehliken
ve arzun!

Anlatabilmek için sendeki beni, desem ki
vuslatımdır her dalışın

Uyanışlar sır doludur, Aşk'lardır alameti

Sırrımdın evet, o anda bildim seni...

Yazarken anladım olan biteni

Yazdım, okudum, bildim

Yazdım, okudum, sildim.

Hiç bu kadar sıcak ellere dokunmamışım sanki
Yüreğin ellerinde çünkü senin...
Teninde gül yapraklarının eşsiz rayihası
İçinde filizlenen yeşiller, sarılar var senin

Bir de benden dinlemelisin o yorgun kalbini
Kalbinden içime sızan yaşları,
Biriktirip o yaşları kırık odalarımda saklayışımı,
Saklamaya çalışırkenki telaşımı, utangaçlığımı,
korkaklığımı...
Sokuverince yastığımın altına alelacele
Kırk olabilen kırık odalarımı görmelisin...

Her şeyi görmelisin!
Saklanmış kadınlığıma rağmen dudaklarımdaki tadını,
Senden sonra durduramadığım adımlarımı
Ve inadına durduk yerde çözülüveren dizlerimi
Bende bıraktığın kokunu,
Senden sonra başkalaşan kokumu sokaklara nasıl saldığımı
Ellerinin göğsüme düşen esmer gölgesini
O gölgede nasıl ferahladığımı, iç çektiğimi
İç çekişlerinin kulağımda çınlayıp durmasını
İnancımı, inanamayışlarımı
Senin inanamıyorkenki huzurunun bendeki anlamını...

Nasıl güzel sevsem de seni incitmeden, bitirmeden
Nasıl sarsam da dağılmasan
Nereden baksam sana ki rahat rahat taşabilsen,
Sonunda kırılmadan ama hiç sıkılmadan...

Nerelerde dursam, nerelerinde
Çok mu uzak, az mı yakın
Sana göre durabilsem keşke
Safi kendi duruşumla ama
Ama durabilsem keşke yanı başında

Sen hep yükselerek taşsan, derinleştikçe yükselsen
Ve ben sana, her hâline tanık olabilsem
Kopup dursan benden binlerce kere ve ben yine ulaşabilsem sana
Bu nasıl bir özlem bende bir bilsen
Bu nasıl bir amaç bende bir bilsen
Bendeki yansımalarını bir görsen

Çıplak ayaklarla dolaşmazsan yağmurun hiç
yağmadığı geniş topraklar gibisin sen

Yürüdükçe ruhumu özgürleştiren ve kuşkuları
lanetleyen kutsal topraklar gibisin

Ve ben her zerremi bende var edene kadar

Ben her hücremde ben olana kadar yok olmayacaksın

"OL" mazsan olmaz artık

Yolun sonu yok artık...

Ve sen de gittin ya şimdi

"OL" mazsam olmaz artık

Yolun sonu yok artık...